हाँ.. मैं लिखता हूँ..

निकेश नंदन

Made with ♥ on the Notion Press Platform
www.notionpress.com

ऐ जिंदगी ..

तुझसे सीखी बातें .. तुझे ही सिखा रहा हूँ..

तुझको सर्वस्व समर्पित मेरा.. फिर दोहरा रहा हूँ..

.

- नन्दन

क्रम-सूची

क्रम-सूची

प्रस्तावना

निकेश नंदन...
अजीब सा, अलग सा, अनसुना सा नाम..

.

हो भी क्यों ना...
ये नाम आपके कानों तक पहुंचे ऐसा कोई कार्य आज तक किया ही नहीं
इसने..

.

लेकिन इस बार कुछ तो किया है..
और शायद इसके बाद ये नाम आपको याद रह जाए..

.

परिचय दे दूं...

.

निकेश नंदन..
इलेक्ट्रॉनिक्स एंड कम्युनिकेशन इंजीनियर और अब एक खालिस बैंकर..

.

लीजिए.. फिर आप प्रश्नवाचक मुद्रा में आ गए..

.

इंजीनियर..बैंकर.. और कवि..
ये कैसा बेमेल संयोग है..
इससे कविता क्या ख़ाक होगी..

.

मगर कभी कभी नया बल्लेबाज अपने पहले ही मैच में घूमती हुई
पिच पर शतक मार जाता है...
जरूरत होती है एक मौके की..

.

तो दीजिए मुझे भी..
एक मौका..

.

वैसे मैं कवि हूं नहीं...
चौंकिए मत.. सच कह रहा हूं..
मैंने पूछा भी था एक दिन.. गूगल से...
कवि किसे कहते हैं?
और जवाब मिला..

.

वह व्यक्ति जो शब्दों के अत्यंत सौंदर्यपूर्ण प्रयोग के माध्यम से विचारों को मधुर, रचनात्मक, लयबद्धता के साथ कल्पना या वास्तविकता या दोनों के संयोजन में व्यक्त करता है और पाठक के मन को मोह लेता है, उन्हें कवि कहा जाता है..

.

इस हिसाब से तो मैं कवि नहीं हूं..
क्यूंकि.. मैं तो जब..जो..जिसके बारे में महसूस करता हूं उसे उसी समय शब्दों में पिरो कर कागज़ पर उतार देता हूं..
कुछ कवितायें तो मैंने तीन से चार मिनट में लिखी हैं..
अब अगर वो कविता है.. तो मैं कवि हूं..

.

खैर, इस सारी उधेड़ बुन को दूर करने का और प्रश्नों के उत्तर पाने का एक ही तरीका है..
पढ़ डालिए..

.

पढ़ डालिए मेरी कविताओं का संकलन - "हाँ..मैं लिखता हूं.."
और फिर बताइए..

.

क्या मैं कवि हूं ?

भूमिका

मेरे प्रिय पाठकों

.

कविता सुनने, सुनाने और लिखने-पढ़ने वाले मेरे प्रिय पाठकों को प्रणाम..

जो कविता पढ़ने-सुनने से गुरेज करते हैं, उन पाठकों को भी..

.

मैं ले के आया हूं.. यदा-कदा, कभी भी, कहीं भी, किसी भी विषय पर लिखी मेरी कविताओं का एक अनूठा संग्रह..

.

"हाँ.. मैं लिखता हूँ.."

.

अनूठा संग्रह.. आप कहेंगे, सभी नए कवि यही कहते हैं.. मैं अनूठा.. मेरी कवितायें अनूठी..

हम क्यों और कैसे मान लें की यह पुस्तक अनूठी कविताओं का संग्रह है..

.

आपकी बात जायज है.. पर यकीन मानिए मेरे प्रिय पाठकों.. कोई भी सच्चा कवि कभी भी अपने पाठकों से अपने अनमोल रिश्ते की शुरुआत झूठ की नींव पर नहीं कर सकता. अब आप मुझे कवि मानिए या न मानिए पर सच्चा तो मैं हूँ... और इसलिए बोल भी सच ही रहा हूँ..

.

इस पुस्तक की सारी कवितायें अनियंत्रित हैं. मैंने कभी भी घंटों सोच कर, किसी विषय को चुन कर, एकांत कमरे में अकेले बैठ कर इन कविताओं को नहीं लिखा है. ये सारी कवितायें चलते फिरते, क्षण भर में लिखी गयीं हैं. रोजमर्रा की बातें, घटनाएं, वस्तुएं, लोग आदि कभी भी मेरे दिमाग के अन्दर कविता का रूप ले लेतीं हैं और फिर जो मिला - कागज़,

मोबाइल, लैपटॉप, अपना हाथ कुछ भी, उन पर लिख लेता हूँ.. कभी ट्रेन में, कभी मोटरसाइकिल पर, मीटिंग में, खाते समय, टी.वी. देखते समय, सोते समय, रोते समय, बाथरूम में.. कहीं भी लिख लेता हूँ..

इसीलिए तो पुस्तक का शीर्षक भी है - "हाँ.. मैं लिखता हूँ.."

उदहारण देखिये...

एक साल प्रमोशन नहीं मिलने पर मैंने लिखी थी - मीलों चला हूँ मैं..

पिछले साल उज्जैन में सतना की बेटी के साथ अमानवीय कार्य की खबर देखी तो अंतर्मन रो पड़ा और खून खौल उठा, और तब मैंने लिखा था - सतना की बेटी..

एक हड़ताल में धरने पर बैठे बैठे लिखी थी - सच की बाजी..

किसी ने कहा था की तुम किस्मत ले कर पैदा ही हुए हो, तो मैंने लिखा - सहर के उजाले..

एक प्रतियोगिता में ट्रेफिक जाम के कारण समय पर नहीं पहुंचा, तो लिखी - जीत के दिखाऊंगा..

बेटे को मुहावरे पढ़ा रहा था, तब लिखा - कविता.. मुहावरों वाली..

अपने बचपन की बड़ी जोर याद आई, तो लिखा - गुल्लक.. बचपन वाली..

जब भारत 2023 क्रिकेट विश्व कप का फाइनल हारा था, तो लिखा - मेरी मंजिल..

जब जान बुझ के एक सहकर्मी को बॉस तंग कर रहा था, तो लिखा - कुछ कहूँ.. के न कहूँ..

एक रात नींद नहीं आ रही थी, तो लिखा - नींद की कशमकश..

पत्नी नाराज़ थी तो लिखा - मैं **सब** जानता हूँ..

एक गरीब रिक्शेवाले को अपने बेटे को अपने रिक्शे पे स्कूल ले जाते देखा, तो लिखा - **पिता की आँखें..**

एक मित्र जिंदगी से हार कर दुखी बैठा था, तो लिखा - चलो.. थोडा **टहल के आयें..**

कॉलेज का प्यार याद आ रहा था, तो लिखा - **सुनो..**

एक दिन बहुत समय बाद अपने पिता के गले लगाया, तो लिखा - **प्रौढ़ का पिता..**

कुछ मित्रों से किसी बात पे झगडा हुआ, तो लिखा - मेरी चेतावनी..

किसी ने पूछा के प्यार क्यों करते हैं लोग, तो लिखा - **बस.. कर लिया हमने..**

किसी ने पूछा की हमारा लीडर कैसा होना चाहिए, तो लिखा - यलगार हो..

एक दिन कॉलेज का प्यार अपने बच्चे को स्कूल पहुंचता दिख गया, तो लिखा - वो अब.. **मुस्कुराती नहीं है..**

एक दिन मायूसी में लगा की सारी दुनिया मेरे खिलाफ है, तो लिखा - अकेला..

स्वतंत्रता दिवस पर बेटा छत पर तिरंगा लहरा रहा था, तो लिखा - मेरा कफ़न तिरंगा हो जाये..

एक दिन दाढ़ी बनाते हुए मेरे गाल थोड़े कट गए.. तो मेरे एक आदरणीय सीनियर ने कहा- निकेश.. तूम तो अनूठे कवि हो.. इस दुर्घटना पर भी कविता लिख सकते हो. हालांकि उन्होंने मुझ पर व्यंग किया था, पर मैंने लिखा - उस्तरा..

औरहिंदी दिवस पर अपनी प्रिय संगिनी.. हिंदी.. के लिए लिखा - हिंदी..

तो देखा आपने, मेरे प्रिय पाठकों..
कुछ भी सीधा-सादा, सोचा-समझा नहीं है इस पुस्तक में..
बस मन का गुबार है.. जो शब्दों का रूप ले कर कविता की माला बन कागज़ के गले में डल गयी है...

तो आइये.. चलें इस रोजमर्रा के सफ़र पर और मेरे साथ कहें - "हाँ.. मैं लिखता हूँ.."

1. हाँ.. मैं लिखता हूँ..

हां, मैं लिखता हूं ...
.

वक़्त की पेशानी पे,
ज़िन्दगी का तसव्वुर लिखता हूं ..
हाँ, मैं कागज़ की कश्ती पे,
मौज़े समंदर लिखता हूं ..
.

.

कबूतर के पंजों से,
बाज़ का मुस्तकबिल लिखता हूं..
हां, मैं नाकाबिलों की बस्ती में,
कामयाबी का हासिल लिखता हूं..
.

.

मुफलिसी के मंज़र में,
अज़मत की खबर लिखता हूं..
हां, मैं तिनकों की कलम से,
तूफानों का सफर लिखता हूं..
.

.

शिकस्त की पीठ पर,
अपने ज़िद की मुहर लिखता हूं..
हां, मैं मौत के चेहरे पर,
जिंदगी अपनी निडर लिखता हूं..

हाँ.. मैं लिखता हूँ..

.

.

हौसलों के पंखों से मैं,
आसमानों का शिखर लिखता हूं ..
आंखे कई घूरती है मुझको,
पर मैं .. बेखौफ़, बेफिक्र, बेपरवाह
अक्सर लिखता हूं ..
हां, मैं लिखता हूं ....

.

.

हां, मैं लिखता हूं ....

2. मीलों चला हूँ मैं..

मीलों चला हूँ मैं..

थका भी हूं.. गिरा भी हूं..
गिर के फिर संभला भी हूं..
डरा भी हूं.. झुका भी हूं..
झुक के फिर अड़ा भी हूं..
पर टूटा नहीं हूं.. हारा नहीं हूं मैं
मीलों चला हूं मैं..

मंज़िल की आस में..
सफलता की प्यास में..
बुलंदियों की तलाश में..
अपनों के विश्वास में..
हर सांस लड़ा हूं मैं..
मीलों चला हूं मैं..

जो मिला साथ हो लिया..
साथ हंस लिया.. साथ रो लिया..
पर कभी डरा नहीं..
किसी लालच में कभी पड़ा नही..
लक्ष्य को धारण किए..
कर्तव्य पथ पे.. सदैव बढ़ा हूं मैं..
मीलों चला हूं मैं..

सुनी-सुनाई मन में धरता नहीं..
लिखी-लिखाई का अनुसरण करता नहीं..
सदैव राह अपनी खुद चुनी..
अपनी कहानी.. हमने खुद बुनी..
चुका हुआ मुझे मत समझना..
जिंदा हूं.. अभी मरा नहीं हूं मैं..
मीलों चला हूं मैं..

.

.

मीलों चला हूं मैं..

3. सतना की बेटी..

क्या चीख सुन उस बाध्य बाला की
हृदय नहीं दुखा था..
क्या देख लहू से सने वस्त्र
पौरुष नही झुका था..

.

क्या सोच के उस विभत्स दृश्य को
शौर्य नही दहला था..
क्या जान के उसकी पीड़क व्यथा
न्याय नहीं पिघला था..

.

भटक रही थी आस मांगती
दर-दर घायल कदमों से..
क्या फटी नही थी छाती
याचना कर रही थी जब जन-जन से..

.

जब आंसू मिश्रित लहू अधरों से
पीड़ा से बहते जाते थे..
क्या एक क्षण भी मारे शर्म के
जीवन नहीं रुका था..

.

जब समझ भिखारन उस बेटे ने
बंद किए थे द्वार..
क्या उसकी मां के कोख को
उस पल लांछन नहीं लगा था..

.

जब कातर दृष्टि पूछ रही थी
क्या था उसका अपराध..
क्या गूंगी बहरी मानवता का
अस्तित्व नहीं सिहरा था..

.

क्या लहू नहीं खौला था
सुन के जो बीती उसपर..
क्या फड़के नहीं थे बाजू
जब कांपी होगी वो थर थर..

.

कितना करुण वो क्रंदन होगा
कितना वो तड़पी होगी..
दया की भीख मांग मांग के
गले में सिसकी अटकी होगी..

.

कैसा वो पापी होगा जिसको
ना आई तनिक भी लाज..
जिस नारी को पूजता है जग
उसी की लूट ली लाज..

.

धिक्कार तुझे ए मानव जाति
क्यूं अब तक निष्क्रिय खड़ा है..
लाज लूटे जहां नारी की वहां
समझो पुरुषत्व मरा पड़ा है..

.

उठो, की गर थोड़ा सा भी
है बचा आंख में पानी..
उठो, की गर अभी भी तेरी
लहू में बची रवानी..

.

उठो, की आने वाली नस्लें तुमको
नहीं करेंगी माफ..
गर छली गई उस बेटी को
नहीं मिला इंसाफ..

4. सच की बाज़ी..

ये बाज़ी सच की बाज़ी है
ये बाज़ी तुम हारोगे..
हम सीना तान के बैठे हैं
तुम कितने कोड़े मारोगे..

.

.

कितनी पीड़ा पहुंचाओगे..
तुम कितना जुल्म करोगे..
ये जाबांज़ों की धरती है
किस किस से युद्ध लड़ोगे..

.

.

कब तक रोकोगे हमारी उड़ान
तुम कब तक हमें दबाओगे..
हौसलों के पंखों से उड़ते हैं हम
कब तक पीछा कर पाओगे..

.

.

मेरा हक़.. तो मेरा हक़ है..
भरसक छीन ना पाओगे..
कई हारे हैं इस कोशिश में
तुम भी मुँह की खाओगे..

5. सहर के उजाले..

ये आफताब मेरी कुरबत में कहीं, सो तो नहीं गया
मुद्दत से हमने सहर के उजाले नहीं देखे..

．

बरसों से ख्वाबीदा दिखती हैं मेरी आंखें
इतनी शिद्दत से तेरे ख्वाब देखने वाले नहीं देखे...

．

एक ठोकर से टूट जाती है मकसदों की चाह
हम जैसे कभी टूट के चाहने वाले नही देखे..

．

तूफानों को भी बंद किया मश्त में हमने
इक फूंक से उड़ जाए, वो इंकलाब वाले नहीं देखे..

．

ए पासबां मेरी गुरबत के, बस इतनी है इंतजा
वो कह दे मेरी जोड़ के जियाले नहीं देखे..

．

मंजिल पे मुझे देख के जल जाते हो अक्सर
तुमने मेरे पैरों में पड़े छाले नहीं देखे..

．

समझते हो तुम मुझे चम्मच चांदी का मिला है
तुमने मेरे खून से सने निवाले नहीं देखे..

．

आलीशान मकान में सोए हो ओढ़ चैन की चादर
तुमने घर के बाहर खुदे ज़लालत भरे नाले नहीं देखे..

．

पत्थर दिल बुलाते हो मुझे महफिल दर महफिल
लगता है तुमने दिल के कभी काले नहीं देखे..

.

मिले होंगे तुमको कई भीड़ में हुंकारने वाले
हम जैसे कहीं अकेले जिगरवाले नहीं देखे..

.

सिक्कों की खनक भांप के, करते हो उनकी पूजा
तुमने कभी ईमान के रखवाले नहीं देखे..

.

जाम ले के हाथों में करते बदलाव की हो बात
पी कर कभी मुफलिसी के तुमने प्याले नहीं देखे..

.

और देखा है सब कुछ, सब जानते भी हो
पर जान के भी चुप रहे, ऐसे जानने वाले नही देखे..

6. जीत के दिखाऊंगा....

ऐ लिखने वाले मेरे मुक़द्दर के....

.

.

रास्ते मे मेरे तुम.. ठोकरें हजार लिख देना..
जिंदगी में मेरी.. मुश्किलें बेशुमार लिख देना..
अपने हौसले से मिटाता रहूँगा सब कुछ...
चाहे तुम मेरी कोशिशे.. दरकिनार लिख देना..

.

लिखते जाना तुम.. ज़लज़ले मेरी किस्मत में..
पर लिख ना पाओगे.. कमी मेरी हिम्मत में..
हर बार मैं गिर कर.. फिर खड़ा हो जाऊँगा..
तुम लिखते रहना गिरना मेरी फितरत में..

.

लिख देना तुम.. मेरी कमजोरियाँ सरे आम..
लिख देना इस जहान की.. दुश्वारियां तमाम..
तूफानों को फूंक से उड़ाने का हुनर जानता हूं
लिख के देख लेना.. मेरी शिकस्त का इंतजाम..

.

लिखते जाना तुम.. मेरी मंज़िलें रोज़ नई..
लिख देना उनको पाने में.. उलझनें कई..
रास्ता अपना खुद बनता हूं.. अपने दम पर..
लिखी हुई इबारतों पर.. मैं कभी चला ही नहीं..

.

.

आज़माना मुझे बार बार.. परख लेना हर बार..
लिख देना मेरी राहों में कांटे.. हालातों से तकरार ..
दृढ़ता और पौरुष की चट्टान हूं मैं.. मिट्टी नहीं..
जो ठान लिया तो कर जाऊँगा.. कोई भी बाधा पार..

.

तेरा लिखा मैं एक दिन.. तुझसे ही बदलवाऊंगा..
अपनी कहानी अंततः मैं खुद ही लिख के जाऊँगा
कब तक लिखते रहोगे.. मेरी हार के मंज़र, मंसूबे
तेरी तमाम कोशिशों के बावजूद.. जीत के दिखाऊंगा..

7. कविता.. मुहावरों वाली..

कुछ कशितयां कागज़ की.. पानी में उतारा जाए..
हांडी काठ की.. चूल्हे पे फिर से चढ़ाया जाए..
वो जो कहते हैं यहाँ.. जो हो रहा सब गलत है..
उन अक्ल के अंधों को.. आईना दिखाया जाए..

.

बस कहते रहते हैं.. करते कुछ नहीं सुधारने को..
ऐसे धोबी के गधों को.. घर-घाट पहुंचाया जाए..
कुछ बाज़ के बच्चों को.. मुंडेर पर उड़ाया जाए..
खा चुके चूहे सौ.. अब हज को जाया जाए..

.

बहुत रह लिए चुपचाप.. बरसों से ठहरे जल में..
अब इसके मगर से.. कुछ बैर निकाला जाए..
कब तक समझायेंगे.. समझदार को इशारों से..
आज अपनी चादर से बाहर.. पांव पसारा जाए..

.

अज्ञान के सागर में.. कब से डूबे हुए सब लोग हैं...
कभी-कभी.. अधजल गगरी भी छलकाया जाए..
फिर से भैंस के आगे.. जम के बीन बजाया जाए..
अपनी प्यास को.. ओस चाट कर बुझाया जाए..

.

वो जो आसमानों में.. बेमतलब उड़ते फिरते हैं..
उन गरजते बादलों को.. आज बरसाया जाए..
दूसरे हाथ से अपना आस्तीन.. सम्भाल रखा है..
आज एक हाथ से ही.. जम के ताली बजाया जाए..

.

कब तक खाते रहेंगे पकवान.. ऊंची दुकानों से..
आज बंदर को.. अदरक का स्वाद चखाया जाए..
हर चमकती चीज को.. सोने का बताया जाए..
किसी दान की बछिया के.. दांत गिनवाया जाए..

.

आज पके घड़े पर फिर से.. मिट्टी चढ़ाया जाए..
अपने ही बेर को खुल के.. खट्टा बताया जाए..
खोद के पहाड़ से.. उस चुहिया को निकाला जाए..
हर डूबते हुए को.. तिनके से ही बचाया जाए..

.

दिमाग कब से खाली पड़ा है..
किसी शैतान को इसमें बसाया जाए..
घर का भेदी तो खोज लिया.. अब लंका ढाहा जाए..
काने बहुत बन लिए.. अब किसी अंधे को राजा बनाया जाए..

8. गुल्लक.. बचपन वाली..

बड़ी सहेज कर रखी थी
वो गुल्लक..
बचपन से भरी..
खुशियाँ थी.. आज़ादी थी..
ना चिंता..
ना कोई हड़बड़ी..

.

.

बस मस्तियाँ थी.. दोस्तीयाँ थी
ना आज की..
ना कल की पड़ी..
घर.. मैदान.. स्कूल..
यही थी दुनिया
जेब की चवन्नी..
दौलत सबसे बड़ी..

.

.

फिर..
मैंने गुल्लक तोड़..
जवानी खरीद ली..
अब बस जीता हूं ज़िंदगी..
घड़ी दर घड़ी..

9. मेरी मंजिल..

मेरी राह तकना..
ऐ मैदान-ए-जंग..
इंतज़ार करना..
मेरे ज़ख्मों के भर जाने का..

.

.

आज हारा हूं मुद्दतों बाद..
थोड़ी सी ख़लिश है..
पर ये पैमाना नहीं है..
मुझे आजमाने का ..

.

.

ना समझना इसे रुखसती..
मुज़ाहमत आदत है मेरी..
मैं लौट के फिर आऊंगा..
जीतना फितरत है मेरी..

.

.

ये तो एक पड़ाव है..
सफ़र अभी बहुत बाकी है..
कदम तो अखिर में वहीँ रुकेंगे..
जहां मंजिल है मेरी..

10. कुछ कहूँ.. के ना कहूँ..

कुछ ना कहूं..
तो कहते हैं बड़े खामोश हो तुम..
कुछ कहते क्यूं नहीं
क्यूं चुप चाप सहते हो
रीढ़ रखो..
अन्याय के खिलाफ आवाज़ उठाओ

कुछ कहूं..
तो कहते हैं खामोश रहना सीखो..
कोई सुन लेगा तो बड़ी दुश्वारी होगी
क्यूं खामखां आफत मोल लेते हो
दुनिया ऐसे ही चलती है..
तुम्हारे अकेले के बोलने से क्या होगा

लेकिन..

बोलना तो होगा..
गर जो हो रहा है वो गलत है
तो मोर्चा खोलना तो होगा
यूं चुप रहने से.. यूं चुप सहने से..
तुम्हारे बाद तुम्हारे किसी अपने को
वही सब..
फिर से झेलना होगा..

क्या होगा जो तुम बोल जाओगे
हो रहे अन्याय के खिलाफ
विद्रोह का रंग घोल जाओगे
हो सकता है तुम नतीजे भुगतो
पर कोई और ये ना झेले
इतना इंतजाम तो कर ही जाओगे..

आवाज़ उठाओ.. आंख मिलाओ..
गलत को गलत खुल के बतलाओ
सच्चे हो.. साथ बहुत लोग देंगे..
खुल के नहीं तो पर्दे के पीछे से ही सही
वो भी बोलेंगे..
कम से कम कोई ये तो ना कहेगा..

बड़े ख़ामोश हो तुम..
क्यूं इतने ख़ामोश हो तुम..
कुछ कहते क्यूं नहीं..

11. नींद की कशमकश..

बड़ी कशमकश थी
नींद को ...
आ ही नहीं रही थी कमबख्त...

．

．

कहती..
मेरे आते ही
खो जाते हो सपनों की गालियों में
यथार्थ से दूर
ले जाते हो मुझे भी
अपने ख्वाहिशों के भँवर में

．

．

दिखाते हो मुझको अपने संग
चौड़ी सड़कें.. पक्के मकान..
हर किसी के पास
थाली में रोटी.. अधरों पे मुस्कान..
हर किसी के पास
भाईचारा.. प्रेम.. शांति..
हर तरफ
सम्मान.. ईमान.. अभिमान..
हर किसी के पास

．

．

दिखती है तुम्हें..
हर तरफ खुशी
ना क्षोभ.. ना विक्षोभ..
ना क्रोध.. ना लोभ..
बस हरियाली और खुशहाली
ना कोई बदहाली.. ना तंगहाली..
पूरी होती तुम्हारी हर चाहत
ना कोई किसी को कर रहा आहत

.

.

फिर जब खुलती हैं
तुम्हारी आंखें
यथार्थ जब तुम्हें
झकझोरता है
सत्य के धरातल पर
जब तुम पटके जाते हो
कुछ नहीं बदला...
सब वही है.. ये पाते हो...
तब तुम मुझे कोसते हो
ये तो सपना था..
ये मुझे नींद क्यूँ आ गयी थी
कमबख़्त..

12. मैं सब जानता हूँ..

तुमको मनाने के..
मैं सारे हुनर जानता हूं
रूठ जाती हो अक्सर
ये खबर भी मैं जानता हूं..
बेदर्द और सितमगर
तुम बेशक ना सही..
पर तुम्हारे नखरों का असर
मैं जानता हूं..

.

.

तुम्हें पाने की होड़ में
खुद को भूल जाऊँगा..
ये खुदकुशी का नफ़ीस
आलम भी मैं जानता हूं..
पर तुम जो मुझे मिल ना पाई
इस जहान में..
तो उस जहान का उदास खालीपन
मैं जानता हूं..

.

.

मैं.. सब जानता हूँ..

13. पिता की आँखें..

पिता की खामोश आंखें..
नहीं करती बयान अपनी मजबूरियों को
नहीं बताती की.. वो रोटी कहाँ से लाए..
कहाँ सौदा किया अपनी मजदुरियों का

.

बस मुस्करा सी देती हैं..
घर पहुचते ही बच्चों से अपनी आंखें मिला
उनकी आंखों की चमक में खो कर..
भूल जाती हैं सारी थकान.. ज़माने भर से गिला

.

मां को सब पता होता है.. पर चुप रहती है..
पिता के हाथ के छालों को सहला देती है बस
आंखें दोनों की रोना चाहतीं हैं.. एक साथ..
पर बच्चों की खिलखिलाहट के आगे हैं बेबस

.

और बच्चा जब खिलौने की ज़िद कर देता है
टूटता दिखता है उसे.. अपने बाप होने का दंभ..
मुस्करा कर हाँ कहना मज़बूरी है उसकी
पर रोटी और खिलौने में हो जाता है.. द्वंद आरंभ

.

कल मां बाप दोनों रोटी नहीं खाएंगे..
अपने हिस्से की रोटी से बच्चे का खिलौना लाएंगे
अगर इस त्याग से दे पातें हैं उसे..थोड़ी सी खुशी..
तो अपने हिस्से की भूख बेच कर उसे जरूर दिलाएंगे

.

आज पानी से ही अपने पेट को मनाया है..
पापा अच्छे हैं.. यही सुन अपना दिल बहलाया है
बड़ा हो कर ये रोटी के साथ हलवा भी खिलाएगा
इसी आस को आज रात.. अपना तकिया बनाया है

.

नींद दोनों की आंखों में ना थी.. बस सपने थे..
मां पिता के बारे मे.. पिता रोटी की सोंच रहे थे
भविष्य संवर जाए बच्चों का किसी तरह..
इसी कोशिश में अपना वर्तमान.. रोज नोंच रहे थे

.

पिता की खामोश आंखें..
नहीं करती बयान अपने अनदेखे, अपूर्ण सपनों का
जागते हुए भी अनवरत.. बस देखती रहतीं हैं..
सुन्दर, सुनहरा, उज्जवल भविष्य अपने अपनों का

14. चलो.. थोड़ा टहल के आयें..

चलो थोड़ा टहल के आयें..

मुद्दतों से मायूसियों के साथ चुपचाप बैठे हैं
चलो थोड़ा टहल के आयें..
हर बार खो जाते हैं नाउम्मीदी की गलियों में
इस बार थोड़ा संभल के जायें..

कब तक दुखों के दामन में मुँह छुपा रोते रहेंगे
आज जरा ज़ोर से खिलखिलायें..
हर बार रोक देती हैं ये ज़माने की निष्ठुर मजबूरियां
आज उन्हें भूल कर थोड़ा मुस्करायें..

दरवाज़े पर उम्मीदें कब से खड़ी दस्तक दे रहीं हैं
तन्हाईयों की कुंडी खोल उन्हें अंदर बुलायें..
दुनिया मे हासिल करने को अभी बहुत कुछ बाकी है
जो नहीं मिला कब तक उसका शोक मनायें..

गिरने से डर कैसा अब टूटने को कुछ बाकी कहाँ रहा
तो टुकड़ों को समेट फिर से खड़े हो जायें..
बहुत सुकून है कामयाबी के उबड़ खाबड़ रास्तों में
चलो थोड़ा टहल के आयें...

15. सुनो..

सुनो..
ये जो तुम्हारी मासूम अठखेलियां हैं
ये लम्हों को दास्तान बना देती हैं
मेरी उल्फत की अदनी सी कली को
मुहब्बत का गुलिस्तान बना देती हैं
क्यों हौले से मुस्कुरा कर दिल के तार छेड़ती हो
तुम्हारी कशिश ज़र्रे को दराज़ बना देती है
.

सुनो..
मत छुपाओ नक़ाब में चेहरा
तुम्हारी झांकती नजरें तूफान मचा देती हैं
वो जो हौले से पलट के जुल्फों को झटकती हो
वो बुत को भी इंसान बन देती हैं
क्यों इंतेहा कर देती हो मुअस्सर होने में
इंतजार हमें अपनी ही नज़रों में शर्मशार बना देती है
.

सुनो..
आंखों में समाती हो, कभी दिल में भी समाया करो
यूं इतरा कर हमें रोज़ ना जलाया करो
कम से कम हमारे सवालों का जवाब ही दे जाया करो
बेरुखी तुम्हारी अब हमें बे ख़्वाहिश कर गई है
इंतेजा बस इतनी सी बाकी रह गई है
सुनो... कम से कम..
सुन लो...

16. ऐ देश मेरे..

सीने में तेरा प्यार लिए
दुर्गम बीहड़ में अड़ जाऊं..
माथे पे माटी तेरी लगा
मैं देवों से भी लड़ जाऊं..

.

ए देश मेरे अब तू ही बता
क्यूं प्राण मिला बस एक मुझे..
जो मिलते असंख्य, मैं लेता प्राण
हर प्राण बलि हो तेरे लिए..

.

नस नस में भरा फौलाद मेरे
सासों में मेरी ज्वाला है..
मैं भारत मां का बेटा हूं
मुझे तूफानों ने पाला है..

.

ए देश मेरे अब तू ही बता
अब ललकारेगा कौन मुझे..
हो कलम से या शमशीरों से
आता है जब प्रतिकार मुझे..

.

और एक नहीं हर बेटा तेरा
रणभेरी सा ये कहता है..
गर आंख उठी जो कोई इधर
हर घर में अर्जुन रहता है..

ए देश मेरे अब तू ही बता
क्या सोच भी कोई सकता है..
जो लांघे तेरी सीमा को
कण कण जब पौरुष बसता है..

17. प्रौढ़ का पिता..

आज उसने अपने पिता को गले से लगाया था...

．

जिसने उसे उँगली पकड़ चलना सिखाया था..
अनगिनत बार.. अपने सीने से लगाया था..
सीख कर चलना.. दौड़ने लगा था जब से वो..
तब से पहली बार.. पिता को ये सुख लौटाया था..

．

आज उसने अपने पिता को गले से लगाया था...

．

पूरे बचपन.. जिस पिता ने उसे गोद में घुमाया था..
बिना मांगे.. हर जरूरत का समान दिलवाया था..
भुला नहीं था वो.. पर ये शायद उसकी झिझक थी..
संकोच वश.. अपना पितृ प्रेम दिल मे ही दबाया था..

．

आज उसने अपने पिता को गले से लगाया था...

．

बेटे बड़े होने पर अपना प्रेम यूँ दिखा नहीं पाते..
बेटियों सरीखे.. पिता को यूँ ही गले लगा नहीं पाते..
वो दिल ही दिल में.. उन्हें मानते हैं अपना आदर्श..
पर आज उसने.. अपना दिल चीर कर दिखाया था..

．

आज उसने अपने पिता को गले से लगाया था...

18. मेरी चेतावनी..

ज़ख्म दिए जो तूने..
हमने सब सम्भाल रखे हैं..
हमें खबर है हमने..
आस्तीनों में सांप पाल रखे हैं..

.

.

चालें जितनी सूझती हों तुम्हें..
चल के देख लो..
हमने तुम्हारी हर चालाकी के..
तोड़ निकाल रखे हैं..

.

.

सोचते हो दीवारें खड़ी कर..
रास्ता रोक लोगे मेरा..
हमने उन्हीं के बगल से..
कई मोड़ निकाल रखे हैं..

.

.

जितनी हो कुव्वत..
उतने रोड़े अटका लो राहों में..
हमने बच निकलने के रास्ते..
बेजोड़ निकाल रखे हैं..

.

चाहते हो तुम के मेरी आवाज़ को..
धोखे से दबा दो..
हमने मंदिर की घंटियों से..
युद्ध के शोर निकाल रखे हैं..

.

.

हमारी ख़ामोशी को हमारी..
बुजदिली मत समझ लेना..
हमने रात के पंजों से..
जाने कितने भोर निकाल रखे हैं..

19. बस.. कर लिया हमने..

कुछ.. कहीं से..
यूहीं भर लिया हमने..
कभी तो करना था..
आज ही कर लिया हमने..
ये प्रेम ही तो है.. गुनाह थोड़े है..
सभी करते हैं..
थोड़ा कर लिया हमने..

.

उससे पूछा भी नहीं..
पूछना था क्या ?
बिन पूछे ही उसे..
दिल में भर लिया हमने..
पूछते तो क्या पता मुकर जाती..
इस डर से.. बिना पूछे ही..
उन्हें वर लिया हमने..

.

किसी रोज़ तो..
उसके दिल तक पहुंचेगी..
ये जो उल्फत को..
हमसफ़र कर लिया हमने..
अब वो राज़ी हो..
या इनकार कर दे..
हमको करना था..
सो.. कर लिया हमने..

20. यलगार हो..

यलगार हो..

सक्षम भुजाओं का
समुचित श्रृंगार हो

जो सशक्त हो उसी मृदंग से
रगों में ऊष्मा का संचार हो
जो विरक्त हो हर माया से
उस योगी का प्रसार हो

कंटकों
को जो कुचल दे
उस पादुका का उद्धार हो
पथ प्रदर्शक बन के उभरे
उस नेतृत्व का उदगार हो

जी सके जो मर के हर पल
उस योद्धा का इंतजार हो
कर सके जो रण को बस में
उस बांकुरे का ही प्रचार हो

यलगार हो..

21. वो अब.. मुस्कुराती नहीं है..

सुना है.. वो अब मुस्कुराती नहीं है..

.

अपने मंद हाथों से..
ज़ुल्फों में उंगलियां फिराती नहीं है..
ठहरे हुए वक़्त सी अपनी पलकें..
पल दर पल गिराती उठाती नहीं है..
आवाज़ दे कर पीछे से..
किसी मुसाफिर को बुलाती नहीं है..

.

नाराज़ है शायद..
सुना है.. वो अब मुस्कुराती नहीं है..

.

कल शाम की ही तो बात है..
चांद की पेशानी पर उसे देख पसीना आया था..
जुगनुओं ने चमकना छोड़..
उसके इर्द गिर्द घेरा बनाया था..
उसकी आंखों की गहराई में..
दिल की कश्ती पनाह मांग रही थी..
लेकिन अब वो इठलाती नहीं है..

.

नाराज़ है शायद..
सुना है.. वो अब मुस्कुराती नहीं है...

22. अकेला...

मुझे अकेला करने को कोई, हर हद से गुज़र गया..
साया भी साथ ना दे सके, इसलिए अंधेरा कर गया...

वक्त से सारी रात की शिकायत, कब मिटेगा ये अंधेरा..
कमबख्त आंख लगने को थी, जब मिला मुझे सवेरा...

सवेरा नया था, पर हम थे वही पुराने..
अब इस उम्र में क्या बदलें, बदल चुके कई ज़माने...

यूं हीं अंधेरे-सवेरे में, ताउम्र काट दी..
बस इंतजार बचा है, मुलाकाते सारी बांट दी...

उम्मीद तेरी बाकी है, आसरा नहीं छूटा है..
पर तेरे आने की आस में, ये दिल बहुत टूटा है...

झूठ कहते हैं लोग, टूटे दिल जुड़ा नहीं करते..
तुमसे सीखा, जोड़ो नहीं तो दिल टूटा नहीं करते...

टूट के जुड़े या जुड़ के टूटे, दिलों का नसीब ही यही है..
हम अकेले ही अच्छे, हम बदनसीब ही सही हैं...

23. मेरा कफ़न तिरंगा हो जाये..

मेरा कफ़न तिरंगा हो जाए .....

.

है चाह की जग में नाम मेरा
मर कर भी जिंदा हो जाए
टूटे सांसों की डोर जभी
मेरा कफ़न तिरंगा हो जाए

.

ना अर्थी मेरी सजती हो
चाहे न घृत-चंदन पाए
ना हो वेदों के मंत्रोच्चार
बस जय हिंद बोला जाए

.

है चाह की चाहे जीवन भर
गुमनाम, अपेक्षित, तुच्छ रहूं
पर मौत शहादत कहलाए
मेरा कफ़न तिरंगा हो जाए

.

ये प्राण दिए इस मातृभूमि ने
नाम उसी के मिट जाए
और मिटे तो देश को गौरव हो
मेरे सपूत मेरे काम आए

.

है चाह की मेरा राष्ट्रध्वज
पृथ्वी के कण कण लहराए
और जब अंतिम श्वास में जय बोलूं
मेरा कफ़न तिरंगा हो जाए

हो लहू का एक एक कतरा या
हो स्वेद जो मस्तक पर आए
तेरा तुझको ही अर्पित हो
जिह्वा पर बस तेरा नाम आए

ए भारत मां तेरा बेटा हूं
जीवित ना तुझ पर आंच आए
और मरूं तो तेरे आंचल में
मेरा कफ़न तिरंगा हो जाए

24. उस्तरा..

आज उस्तरे ने.. उस तरह कर दिया
जिस तरह जिंदगी ने
अक्सर किया है..
दिखा के चमकती धार.. सफलता की
ज़ख्म हार के
हर बार चस्पा दिया है..

.

आज सुबह..
सच्चाई के चेहरे पर..
गलतफहमी की दाढ़ी उग आई थी
थोड़ी सफेद भी थी..
याद दिलाने को की बढ़ती उम्र
सही होने की बानगी नहीं है
थोड़ी काली भी थी..
बताने को की जवानी
सही होने की गवाही भी नहीं है

.

पर गलतफहमी, या यूं कहें दाढ़ी
तो दाढ़ी है..
बढ़ जाए तो बुरी दिखती है
बुरी लगती है..
अखरती भी है, उलझती भी है..
झेंप अपनो की समझती भी है..

.

आज अपनी उसी दाढ़ी को
नए उस्तरे से हटा रहा था..
गलतफहमी जो थी हमेशा सही होने की
उसको बड़ी सावधानी से मिटा रहा था..

.

पर उस्तरा था.. थोड़ा उद्दंड..
उसे था आता बस देना गलती का दंड..
बिन सुने कोई पैरवी
बिन लिए कोई इम्तेहान
वो दे गया मेरे गलतफहमी के गालों पे
सच का निशान

.

अब अपने ही हाथों से..
अपनी हस्ती उठा रहा हु
जो निशान दिए उस्तरे ने..
उसको बड़ी शिद्दत से छुपा रहा हु
बस इतना बता रहा हु..
इस तरह या उस तरह..
समझना तुम्हे है, समझो जिस तरह..
जीवन का ये फलसफा

25. हिंदी..

अलौकिक, अद्वितीय, दैदीप्यमान
नभ में उद्दीप्त सूर्य के समान
भाषाओं में श्रेष्ठ, सर्वोत्तम, महान
हिंदी है हमारे अस्तित्व की पहचान

राष्ट्र का संबल, गौरव, सम्मान
जिसका उच्चारण लाए अधरों पे मुस्कान
जिसका श्रवण भरता देह में प्राण
हिंदी है हमारे अस्तित्व की पहचान

जिसमे छंद दोहे चौपाई रूबाइयाँ
गद्य पद्य चंपू काव्य की निशानी
साहित्य में जिसके शामिल हैं
व्यंग नाटक निबंध कहानी

एक सूत्र में बांधे जिसका ज्ञान
राष्ट्र भाषा, हमारी आन, बान, शान
जो है हमारी शाश्वतता का प्रमाण
हिंदी है हमारे अस्तित्व की पहचान

उपसंहार

तो पढ़ ली आपने..

.

मज़ा आया ?

.

साथ में गुस्सा, जोश, करुणा, दया, प्रेम, देशभक्ति, रोना, हँसना भी आया ?

यदि हाँ .. तो मेरी कोशिश सफल हुई...

.

मैं कोई कवि नहीं हूँ.. मैं फिर कहता हूँ...

पुस्तक पढ़ने के बाद आप मुझे कुछ भी मान सकते हैं..

मैंने तो बस जो देखा, सुना और महसूस किया वो लिख डाला...

अब आप अगर हौसला बढ़ाएंगे..

तो हम ऐसी और कवितायें ले कर आयेंगे..

.

जाते जाते दो पंक्तियाँ "मेरे हिसाब से कवि कैसा होना चाहिए" इसके ऊपर...

जो निडर, निर्भीक हैं..

कविता लिखते हैं वही..

और जो रीढ़ नहीं रखते..

वो कवि हैं ही नहीं..

.

अब विदा लेता हूँ..

कवितायें मन को भाई हों तो शाबाशी अवश्य दीजियेगा..

शायद आपकी हौसला अफ़जाई से दूसरी कविता संग्रह प्रकाशित करने की हिम्मत कर सकूँ..

.

कुछ कहना है तो कहें..

.

मेल - vicky.gamer@gmail.com
मोबाइल - 8292865262
ट्विटर (X) - @nikeshnandan3